LK 403.

NOTICE HISTORIQUE

DE LA SAINTE ROBE

DE N. S. JESUS-CHRIST.

GUÉRISONS MIRACULEUSES,

Opérées par la vertu de la Ste-Robe.

Bulle des Indulgences, etc.

PARIS.
Chez Lavillette-Tournier, pass. St-Gervais 8
VERSAILLES.
Chez Theuré, 103, rue de la Paroisse.
ARGENTEUIL.
Chez Petit libraire Grande-rue 103.

Imp. de MOQUET et HAUQUELIN, r. de la Harpe, 90.

1843

NOTE.

Cette petite brochure, extraite de l'histoire complète de la sainte robe de N. S., n'est qu'un faible aperçu de tous les faits qui chaque jour viennent affirmer hautement de la puissance de cette sainte relique. Si quelques cœurs malades qui jusqu'à présent n'ont pas goûté le bonheur de connaître toutes les douceurs attachées au culte si vénéré de la sainte robe, puisent dans ces faibles esquisses des pensées de foi et de croyance; si aussi quelques âmes pieuses y trouvent un nouvel aliment à leur dévotion envers cette relique si vénérée, il ne nous restera plus qu'à rendre d'humbles actions de grâce à Dieu : de tels succès sont les seuls que l'on puisse attendre , les seuls que l'on puisse désirer.

Les médailles frappées à l'effigie de la sainte robe se trouvent aux mêmes adresses portées ci-dessus. Il s'en trouve de frappées en or , argent et cuivre dorés , dans les prix proportionnés aux diverses grandeurs. Les dites médailles ne se donnent qu'après avoir été touchées à la sainte robe.

LA SAINTE ROBE

DE N. S. JÉSUS-CHRIST.

La sainte robe dont J. C., pendant son séjour sur la terre, a recouvert ses membres sacrés, est une relique trop précieuse pour ne pas obtenir toute la vénération des nombreux fidèles qui chaque jour viennent avec foi se prosterner aux pieds du saint autel de l'église d'Argenteuil, où est déposée cette précieuse relique qui a traversé dix-huit siècles pour arriver jusqu'à nous, preuve incontestable de la divinité de notre admirable religion.

La robe de N. S. fut l'un des instruments de cette vertu divine par laquelle il s'opérait tant de miracles : il suffisait aux malades de la toucher pour être parfaitement guéris. Elle fut l'ornement de la gloire du fils de Dieu sur le Thabor (voir l'*Évangile*) ; elle fut le vêtement de douleur du rédempteur du monde au jardin des Olives, dans le prétoire de Pilate, dans les rues de Jérusalem et sur le Calvaire, où elle fut trempée du sang innocent de l'agneau sans tache : *hic vestitus erat veste sanguine aspersa*.

Il est donc juste de reconnaître que, de toutes les reliques, il n'en est point qui mérite autant nos respects et nos hommages, et Louis XIII s'écriait avec justice qu'elle était la plus sainte qui fût au monde. Elle possède encore un autre et bien plus puissant motif de vénération, c'est qu'appuyée du témoignage de

nos meilleurs auteurs , elle est l'ouvrage
de la très-sainte vierge Marie.

Depuis ces époques de miracles opé-
rés par la sainte robe , l'église d'Argenteuil reçoit chaque jour nombre de personnes de tout âge, de tout sexe, de toute
condition, qui viennent vénérer la châsse
miraculeuse.

Le moment est arrivé où la divine Pro
vidence a réveillé les cœurs assouvis dans
l'indifférence , et fait revivre , par de
nouveaux prodiges, ces croyances sacrées
qui sont impérissables comme l'Eglise

fondée par J. C. La dévotion à cette
précieuse relique ne pouvait manquer de
suivre le grand mouvement catholique
qui imprime au monde une nouvelle et
généreuse impulsion. Grâce à la protec-
tion éclairée de monseigneur Blanquart
de Bailleul, évêque de Versailles ; grâce
au zèle et aux pieux efforts de M. Mil-
let, curé d'Argenteuil, de MM. Sain-
tard et Croizet, ses vicaires, le culte de
la sainte robe a grandement recommencé
à renaître, et de jour en jour prend une
extension qui réjouit les fidèles.

De pieuses personnes, guéries par la
vertu de la sainte robe, sont venues en
aide aux efforts du respectable curé
d'Argenteuil, et ont voué leur vie à la
glorification de la sainte relique à laquelle
elles doivent leur salut. Grâce à leur gé-

néreuse assistance, une châsse plus digne
de la robe de Jésus est sur le point d'être
terminée, et le nombre toujours crois-
sant de fidèles qu'Argenteuil reçoit chaque jour pourra vénérer cette sainte robe
miraculeuse, placée dans son entourage
plus digne d'une relique aussi importante, aussi auguste et aussi noble.

GUÉRISONS MIRACULEUSES

OBTENUES

PAR LA VERTU DE LA SAINTE ROBE.

Les guérisons miraculeuses obtenues par la vertu des reliques sont, sans contredit, une preuve puissante et incontestable de l'authenticité de ces saints objets de notre culte ; mais ce sont surtout ces prodiges qui donnent prise à la malveillance des ennemis de la foi : aussi il importe à l'écrivain religieux de bien peser toutes les

circonstances, toutes les preuves des faits
surnaturels qu'il rapporte à l'appui des
documents de la tradition et de l'histoire.
Croire les miracles sur un simple bruit,
sans étayer sa croyance de témoignages
certains, serait une légèreté digne de
blâme; mais aussi ce serait avoir peu de
foi et de religion que de nier les prodiges
qui nous sont rapportés par ceux qui
les ont vus ou qui les ont appris de personnes qui méritent d'être crues. Parmi
les guérisons miraculeuses citées en
abrégé seulement dans cette notice, les
unes ont été consignées dans un ouvrage
important de Dom Gerberon, qui affirme
ne point avancer un fait qu'il ne l'ait vé-
rifié lui-même avec toute la scrupuleuse
attention que nécessitait une mission aussi
importante, aussi sacrée; les autres,

d'une date toute récente, ont été fournies par M. le curé d'Argenteuil et diverses personnes dévouées au culte de la sainte robe. Du reste, comme nous donnons les noms des malades en faveur de qui les guérisons ont été opérées, il serait facile aux incrédules de se convaincre que nous n'avons rien avancé qui ne fût aussi conforme à la vérité que glorieux pour la foi.

En l'an 1659, il se fit une neuvaine à la sainte robe, en faveur d'un jeune enfant restant sur la paroisse Saint-Méry à Paris. Ce jeune enfant, privé de tous ses membres et de la parole, commença à parler dès le premier jour de cette neuvaine, et eut ensuite le libre usage de ses mains et de ses bras.

En l'an 1669, au village d'Ermont, près Argenteuil, guérison opérée miraculeusement sur Mathurine Doissi, percluse de tous ses membres, etc. Cette femme pria son mari d'aller faire toucher du linge à la sainte robe, ce qu'il fit ; et au moment qu'elle mit ce linge elle ce sentit guérie. Dès le jour suivant, elle alla faire ses dévotions devant la sainte robe, et remercia Dieu de la grâce qu'elle avait reçue. En l'an 1670, même guérison

opérée sur Louis Gaucher d'Argenteuil.
(Voir les détails de tous ces faits et des
suivants dans l'*Histoire de la sainte
robe* à la sacristie d'Argenteuil, où sont
les pièces authentiques.)

Vers la même année, deux guérisons
remarquables près de Paris. Anne Letes-
sier, femme de M. Dubois, chirurgien
à Rochefort, et Claude Pillau, marchand
à Ménelé, en Picardie, ainsi que nombre
de personnes, furent également guéries miraculeusement par la vertu de la
sainte robe. (Voir l'*Histoire.*)

En l'an 1770, guérison de deux personnes près d'Argenteuil, et deux personnes de même demeurant à Bezon; les
mêmes atteints d'une hydropisie réputée
incurable, en faisant une neuvaine devant la sainte châsse.

Dans l'année 1827, guérison miraculeuse opérée sur mademoiselle Jenny Guillarme, rue des Saints-Pères, 65, à Paris.

En 1841, guérison de madame Vimbert, rue Saint-Victor, 15, à Paris. Dans les mêmes années, guérison de M. Ratel, rue Saint-Benoît, 13 ; — madame Lemaire, rue Taranne, 16 ; — M. Nélisson, quai de la Mégisserie, 10. Du 8 février 1842, guérison bien miraculeuse et bien connue, opérée par la sainte relique sur la personne de madame Lébuterne, rue Poultier, 12, à Paris ; — M. Vasseur, 65, rue des Saints-Pères ; — La supérieure d'une communauté d'hospitalières à Paris. (Voir les nombreux détails à ce sujet dans le livre de la sainte robe.)

Madame Martin, rue de la Chaise, 8,
et mademoiselle Lepeuple , de Dieppe ,
furent guéries miraculeusement de même.
(Voir les pièces authentiques.)

BULLE DES INDULGENCES ACCORDÉES PAR N. S. P. LE PAPE.

Indulgence plénière à perpétuité ac-
cordée, et rémission tout entière de tout
péché en général à ceux des fidèles chré-
tiens repentants et confessés , qui seront
admis ci-après en la confrérie de la
Sainte Robe pour le premier jour de leur
entrée , s'ils reçoivent le très-saint sa-
crement de l'Eucharistie.

Les mêmes indulgences sont accordées
aux dits confrères pareillement pénitents,
confessés et communiés qui visiteront
dévotement tous les ans ladite église, etc.
(Voir, pour plus amples détails, l'*Histoire
de la sainte robe*.)

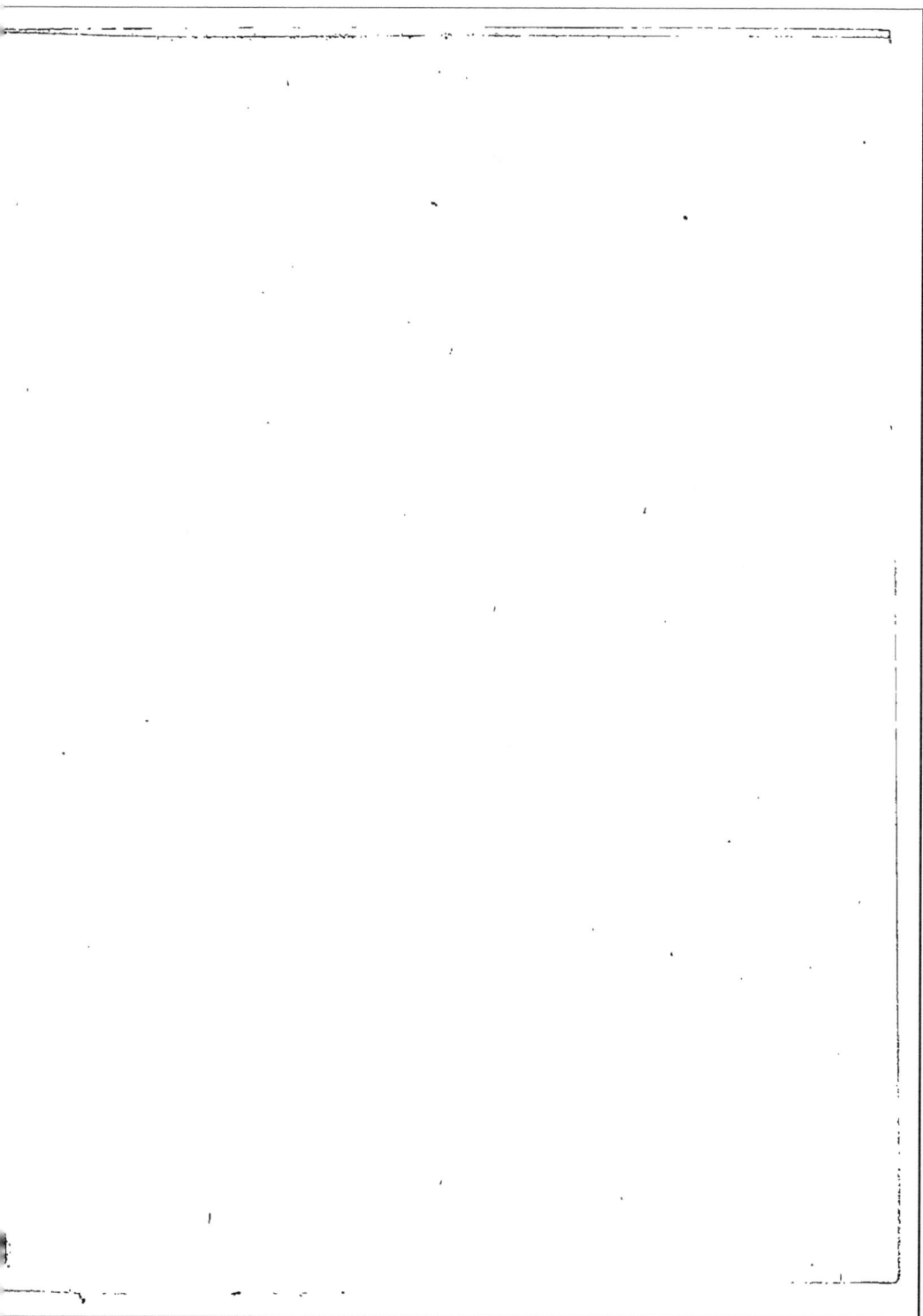